MEMOIRE
en Images

LE CANTON DES PIEUX

Bibliographie

Le canton des Pieux, 25 années d'histoire 1789-1815, André Hamel.
Flamanville, ses seigneurs, son château, les Basan, André Hamel.
Le schisme protestant de 1837, André Hamel.
Pages d'histoire siouvillaise, André Hamel.
Littérature orale de Basse-Normandie : Hague et Val de Saire, Jean Fleury, Ed. Maisonneuve et Larose, 1883.
Essai sur le patois normand de la Hague, Jean Fleury, Ed. Maisonneuve et Leclerc,1886.

Du même auteur

Les Pieux d'avant, Normandie d'hier, Ed. La fenêtre ouverte du Cotentin, 1986.
Flamanville d'une marée à l'autre, Ed. La fenêtre ouverte du Cotentin, 1988.
Naufrages et sauvetages en Manche, Ed. Charles Corlet , 1989.
Les Canotiers de l'impossible, Ed. Charles Corlet, 1990.
Sauveteurs de Normandie, Ed. Charles Corlet, 1991.
Naufrages et sauvetages en Bretagne, Ed. Charles Corlet, 1992.
La mer et rien d'autre!, Ed. Charles Corlet, 1993.
Ouistreham, d'une tempête à l'autre, Ed. Charles Corlet, 1994.
A l'abordage! corsaires, pirates et flibustiers, de l'histoire au cinéma, Ed. Charles Corlet, 1996.
Les Mousses, Ed. Glénat, en collaboration avec Gilles Henry, 1996.
La Hague - Mémoire en Images, Ed. Alan Sutton, 1996.

MEMOIRE
en Images

LE CANTON DES PIEUX

Michel Giard

**ALAN
SUTTON**

Editions Alan Sutton
21, avenue de la République
37300 Joué-lès-Tours

Première édition mai 1996
Copyright © Michel Giard 1996

ISBN 2-910444-85-6

Dépôt légal : mai 1996.
Imprimé en Grande-Bretagne par
Redwood Books Limited, Trowbridge.

33. Les Pieux (Manche) — Vue prise du Clocher

Edition Lefrançois

Table des matières

Vue aérienne du bourg prise par des pilotes américains le 11 août 1945, à 400 pieds d'altitude. Sur la gauche, on remarque le batiment de la croix rouge qui correspond aux laboratoires de spécialités pharmaceutiques de monsieur Fleury.

Remerciements

L'auteur remercie Victor Lefrançois, Anet Veyssières, Alex Becquemin et Pierre Lecouté, auteurs de nombreuses photographies. Il remercie également René Caillot, Jean-Marie Lescalier, Louis Pezet, André Hamel et son épouse, Jean-Pierre Garnier, Bernadette Bélanger, Gérard Branlard, Solange Goudé qui ont mis cartes postales et photos à sa disposition.

Introduction

LES PIEUX — Route de Cherbourg

Édition Dumouchel

Dans un Cotentin durement touché par les bombardements de la Seconde Guerre mondiale et par les destructions subies lors de la bataille de Normandie, le canton des Pieux fait figure de région préservée. L'habitat rural, fermes, manoirs et châteaux s'offrent aux regards des promeneurs. Pays solide fait du même granit que celui que l'on extrait de ses carrières, il ne se donne pas facilement parce qu'il est volontiers austère ; certains lui ont taillé une réputation qu'il ne mérite pas : isolé, marginal, archaïque. Pourtant, depuis vingt ans, ce bout de terre normande s'est décidé à épouser son temps. Il est vrai qu'il n'avait guère le choix avec la construction d'une centrale électronucléaire sur son territoire et la proximité du grand chantier de la Hague. En quelques années, les clichés passéistes ont été balayés et le canton des Pieux offre à ses habitants des conditions de vie que peuvent lui envier bien d'autres régions de France.

La douceur du climat, tempéré par l'influence du Gulf Stream, a attiré très tôt les populations. Ouvert sur la mer, il a reçu l'influence viking ; la toponymie en porte la marque. Les Anglais qui sont nos cousins (car les seigneurs du lieu et les artisans ont aidé Guillaume à préparer la conquête) nous ont souvent rendu visite. De nombreux hameaux anglais rappellent qu'ils ont envahi la presqu'île et que les belles plages du canton ont vu passer leurs bateaux. Ce pays mouillé offre des allures d'Irlande quand vous marchez sur les falaises tapissées de bruyères et de genêts. D'autres lui trouvent un air anglais quand ils découvrent des manoirs cossus entourés d'hortensias et de rhododendrons.

Ce pays charmeur avec des ciels si changeants vous amène parfois à souhaiter que le temps suspende son vol. Miracle de la technique, la photo vous offre des instants d'éternité qu'amateurs ou professionnels ont bien voulu figer. Nous découvrons que cette région n'est pas seulement le pays des vaches et des pommiers. Tour à tour, elle sait être verdoyante et salée. "Un homme sans mémoire, c'est un voyageur sans bagages" disait Jean Anouilh. Les photos de ce livre appartiennent aux jeunes générations qui redonnent vie à des villages morts et qui se promènent à l'ombre des chemins creux. Elles constituent un pont entre ceux qui arrivent et ceux qui partent. Elles aident à respirer en douceur le souvenir des années passées. Entrer de plain-pied dans l'époque contemporaine ne signifie pas, pour autant, renier les traditions, les coutumes suivies par les générations précédentes.

Nous partagerons l'avis de Jean de la Varende qui souhaitait que ces souvenirs qui ont fait trembler mon enfance et frémir ma jeunesse ne meurent pas. Au fil des pages, le canton des Pieux et ses quinze communes vous invitent à flâner en bord de mer, à musarder dans les chemins verts, à rencontrer l'histoire au détour d'un manoir et à vous recueillir au pied d'un calvaire.

I

Les Pieux et la plage de Sciotot

LES PIEUX (Manche). - Rue du Grand-Bourg

A l'automne 1789, les députés réunis en assemblée constituante se penchèrent sur le délicat dossier du découpage des anciennes généralités. La fin de l'année vit la création des cinq départements normands et un procès-verbal du 26 février 1790 fixa le contenu du département de la Manche : 7 districts, 63 cantons, 691 communes. Les Pieux devint l'un des sept chefs-lieux de canton du district de Cherbourg. Dès lors, le bourg se développa pour répondre à des tâches qui concernaient l'ensemble des communes : maréchaussée, justice de paix, postes, pompiers, mais également commerces, médecins et pharmaciens. L'aspect du bourg évoluait très lentement, au rythme des habitants, se développant de part et d'autre de la rue centrale. Une couronne moderne se mit en place avec le développement des grands chantiers. Ces photos jaunies appartiennent désormais au passé.

LES PIEUX - La Poste et Route de Cherbourg

Edit. Vve F. Léger

Cette perspective sur la route de Cherbourg rappelle que, de tous les côtés, routes et chemins montaient pour parvenir au bourg des Pieux, planté au bout d'un plateau granitique qui allait jusqu'à la Roche à Coucou.

LA BASSE NORMANDIE PITTORESQUE

2182. - LES PIEUX (Manche). - Entrée du Bourg - Possède une jolie plage, qui forme la Baie de Sciotot

De petites lucarnes coiffées par des épis de faîtage, fabriqués par les potiers de Néhou et de Saussemesnil, apportaient une note décorative à de solides maisons en granit.

Environs des Pieux. - Le Buts

Malgré une erreur de typographie (il ne s'agit pas du bus mais bien du bas de bourg) le facteur nous accueille devant les premiers magasins. La place où s'élève la poste actuelle n'est occupée que par de lourds tombereaux.

LES PIEUX (Manche). - Le Bas du Bourg

Passé le virage, la perspective s'ouvrait majestueusement sur le bourg. La vie se déroulait au pas lent des habitants. L'expéditeur de cette carte postée le 9 novembre 1908 n'appréciait guère l'endroit, il se plaint qu'il n'y ait, pour aller à Cherbourg, qu'une patache qui effectuait le trajet en trois heures.

Le magasin de tissus de B. Gordon, nouveautés et chapellerie en tout genre, éditait également des cartes postales qui font aujourd'hui le bonheur des collectionneurs. De nos jours, un tabac occupe cet emplacement.

Des marches de la mairie, l'objectif du photographe avait tout le temps pour saisir une élégante sous son ombrelle. Sur la droite, la pendule était l'enseigne de l'horlogerie Chiraux.

Cinquante ans après, le bourg n'avait guère changé. Seule concession au modernisme, la route avait été goudronnée pour accueillir les voitures. Devant l'épicerie familiale, l'auteur bavarde avec deux fillettes.

La mairie, rénovée au début des années 1960, dispose d'une grande salle de réunion qu'utilisent les maires du canton. Les voici à l'issue d'une réunion avec monsieur Lemière, de la sous-préfecture de Cherbourg, monsieur Lescalier, maire des Pieux et conseiller général, monsieur Godefroy, député de la circonscription. On reconnaît également monsieur Lefaix de Tréauville, monsieur Messent de Héauville, monsieur Varin de Flamanville, monsieur René Thiélot de Benoistville, Louis Feuardent de Saint-Germain le Gaillard, Louis Pezet de Surtainville, Marin Toulorge de Helleville et monsieur Julien Noël.

LES PIEUX (Manche). . - La Gendarmerie

La présence de la maréchaussée aux Pieux remonte à l'Ancien Régime. En 1789, il n'y avait que deux brigades et demie de gendarmerie, réparties comme suit : une brigade à Cherbourg, l'autre à Valognes et une demi-brigade aux Pieux. Entre les deux guerres, la brigade s'installa dans le milieu du bourg, là où se trouve aujourd'hui le supermarché. Elle possède maintenant des locaux plus modernes route de Cherbourg.

Environs de CHERBOURG. — LES PIEUX. Le bas du Bourg

Quatre carrioles devant l'hôtel de la poste Poignant-Messent suffisaient à donner l'illusion du mouvement.

LES PIEUX (Manche). - La Gendarmerie et la Poste

Édition Hauguy, réc.-bur., aux Pieux

Le bâtiment de la gendarmerie accueillit également le bureau de poste, qui y séjourna près de quarante ans. La création d'un bureau de poste plus moderne était à l'étude, mais la débâcle de 1940 fit ajourner le projet. En 1942, les travaux débutèrent sur la place du Calvaire. On en était aux fondations quand les Allemands décidèrent d'implanter, à cet endroit, un point de défense.

Une nouvelle poste fut construite en 1952 sur les superstructures du blockhaus. Aujourd'hui, la poste est un des points les plus vivants du bourg et assure la distribution de lettres et de colis dans l'ensemble du canton.

16

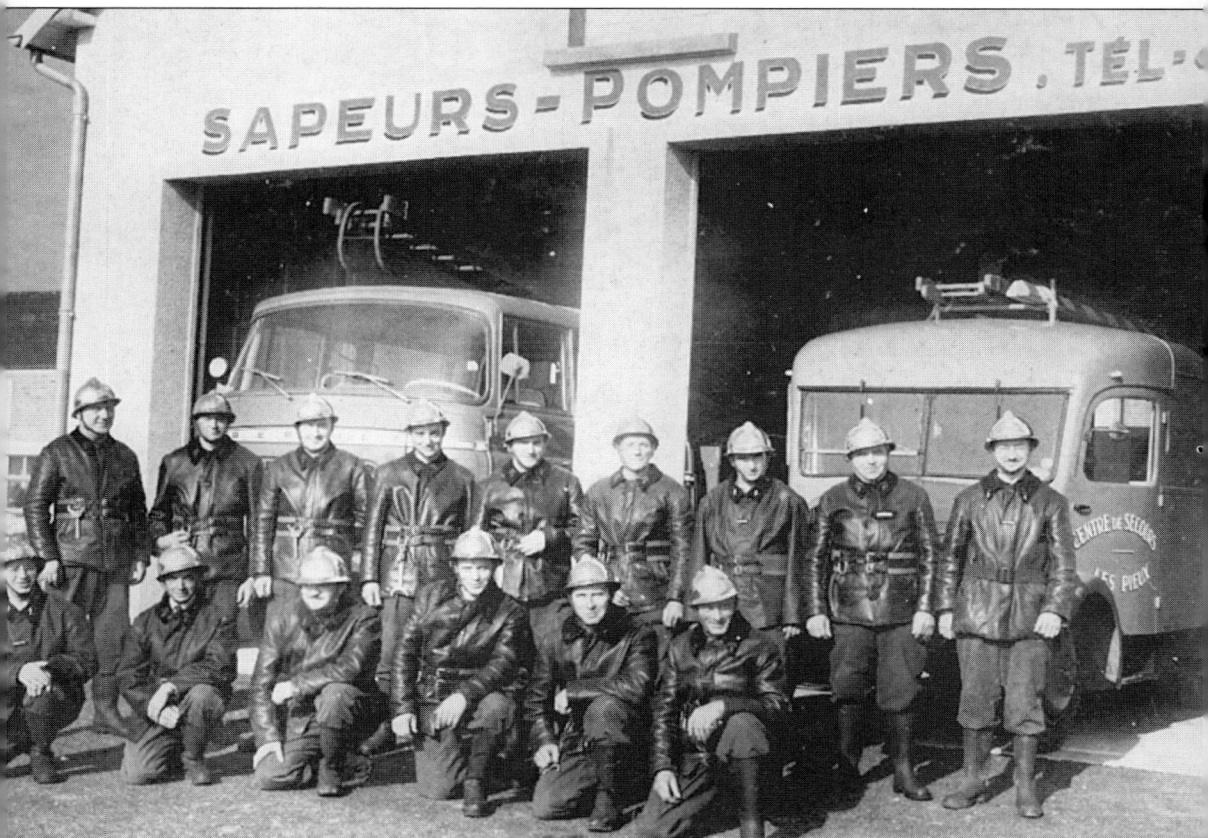

L'équipe de sapeurs-pompiers fait la fierté du bourg.

Les Pieux était connu en Basse-Normandie pour sa carrière de kaolin qui alimenta successivement les faïenceries de Valognes puis de Bayeux. Le kaolin était extrait des fosses du Pré de la Conterie et connut un bon développement pendant la Révolution. Les collectionneurs recherchent aujourd'hui des pièces de vaisselle usuelle avec les décors barbeau ou bleuet.

23. LES PIEUX (Manche) — La Traite

Une vache laitière suffit à elle-seule pour symboliser l'agriculture normande. La première moitié du XXe siècle, avec l'augmentation du niveau de vie et l'urbanisation, vit s'accroître la production de lait et des produits laitiers.

18

Des lustres impressionnants rappellent qu'à cette époque, "la fée électricité" n'était pas encore arrivée dans nos campagnes.

Edition Lefrançois

34. **Les Pieux** (Manche) – Chœur de l'Eglise

Le chœur de l'église était richement décoré : statues, bannières déployées et nombreux lustres. Derrière l'autel se trouvait une toile de Féret datant de la seconde moitié du XVIIIe siècle.

Un monument aux Morts fut construit après la Grande Guerre. Y figurent les noms des enfants des Pieux morts pour la France durant les dernières guerres. Une plaque de marbre commémore le sacrifice de l'équipage d'un bombardier américain abattu par la DCA allemande le 12 novembre 1942.

LES PIEUX (Manche). – L'Église, Sortie des Vêpres

LEFRANÇOIS, ÉDITEUR

La place de l'Eglise retrouvait de l'animation à la sortie des offices, très suivis à l'époque.

Le chauffeur du docteur Bigeon attendant de partir en visite. Cette première apparition de la voiture n'a pas fini de bouleverser la vie des habitants du canton.

Le fort de Sciotot faisait partie du réseau de défense construit tout autour du Cotentin pour assurer une meilleure protection des côtes pendant la guerre de Sept Ans (1756-1763).

LA BASSE NORMANDIE PITTORESQUE
2185. - LES PIEUX (Manche). - Dans l'Anse de Sciotot, Chalets et le Fort

Ce fortin en fer à cheval était identique à celui qui subsiste à Vauville. Il disposait de deux canons pour repousser les attaques anglaises et les corsaires qui n'hésitaient pas à pénétrer dans les baies et les petites anses pour piller la population et s'emparer du bétail.

10 — Sciotot (Manche) - La Roche à coucou et le Vieux Sciotot

Édition Toupillier, photo, Paris

La mer grignote le littoral de façon très nette. En vingt-cinq ans, elle détruisit le fortin dont il ne reste plus, aujourd'hui, que quelques pierres mélangées aux galets.

Le mur d'enceinte, haut de trois mètres, n'avait pas plus d'un mètre d'épaisseur en partie basse. Chacun peut pénétrer à l'intérieur et découvrir les trois pièces du bâtiment : un magasin à poudre, à gauche, la chambre du canonnier ou du gardien, au centre, et un logement pour huit hommes, à droite.

23

Les PIEUX-SCIOTOT — Colonie de Vacances

Dans l'euphorie de la poussée sociale de 1936 et des congés payés, le village de Sciotot assista à la construction de bâtiments préfabriqués destinés à accueillir des enfants de la région parisienne.

Ici se construit le premier bâtiment en dur. Au premier plan, le promeneur à dos d'âne ne semble pas très rassuré.

Les locaux évoluèrent au fil du temps et les jeunes de Livry-Gargan apportèrent de l'animation sur la plage et dans le bourg.

La plage était, avant d'être un lieu de détente, utilisée pour ses ressources. Après les grandes marées, les agriculteurs venaient y ramasser le varech, servant d'engrais naturel.

1 — Les Pieux — La coupe du varech à Sciotot

La coupe du varech à Sciotot fut la première scène que Victor Lefrançois ait publiée en carte postale en 1908. Trente ans plus tard, tombereaux et attelages n'avaient guère changé. Avant la Révolution, la récolte était réservée aux seules communes du littoral. Aussi les cahiers de doléances rédigés au printemps 1789, souhaitaient-ils que le droit de gravage soit étendu à tous ceux qui désiraient venir chercher ces algues marines.

II

Les communes du canton

A l'image du Cotentin, tour à tour bocager et maritime, le canton des Pieux offre une variété de visages selon la commune où l'on se trouve. Largement bordé par la Manche, il assure, d'Heauville à Surtainville, la transition qui conduit le promeneur de la pointe de la Hague à Carteret. Du cap de Flamanville qui avance comme un éperon battu par les vents d'ouest, l'oeil se repose sur les étendues sableuses de Siouville, du Rozel et de Surtainville. Si l'on tourne le dos à ces plages de sable fin, on peut s'engager le long des chemins creux mais aussi sur d'étroites routes départementales à la découverte de villages pittoresques, avec leurs maisons de granit aux toitures de schiste argenté, leurs églises rustiques, leurs manoirs discrets. Des bouquets d'hortensias apportent une touche de couleur pastel dans un univers qui décline toutes les nuances de vert.

Sur la route qui conduit des Pieux à Cherbourg, le village de Benoistville se blottit au fond d'un vallon où serpente la Diélette, image bucolique toute en douceur d'une Normandie qui se voulait éternelle. L'église du XIIIe siècle comporte un curieux clocher avec une tour carrée et une flèche à huit pans. La nef fut restaurée en 1870.

BENOISTVILLE. - La Rue principale

La rue principale partait sur la gauche de l'église pour desservir l'école et la laiterie. Quelques petites épiceries assuraient un commerce de proximité.

1. Benoistville — Laiterie Coopérative

En 1904, fut créée la laiterie de Benoistville qui devint la première coopérative laitière du département de la Manche. Ce n'est qu'en 1912 que la laiterie Claudel, qui deviendra un haut-lieu de l'activité agro-alimentaire dans le département de la Manche, commença son activité.

2. Benoistville — Laiterie Coopérative

La collecte du lait s'effectuait en voiture à cheval avec des bidons en acier étamé. L'aspect de la laiterie rappelle d'avantage une cour de ferme qu'un site industriel.

3. Benoistville (Manche) — Laiterie coopérative

La zone de déchargement des bidons fut progressivement aménagée. Les deux cheminées donnèrent au bâtiment l'allure d'une petite industrie.

BENOISTVILLE. — L'École

Pour la photo, les élèves et leurs maîtres se sont réunis devant les marches de l'école. Un mur séparait l'école des garçons de celle des filles.

30

BENOISTVILLE. - Maison Brisset

Une jolie vue de la maison Brisset à l'entrée de Benoistville prise un jour de neige : des arbres fruitiers en espalier le long des murs et un jardin aux allées bien dessinées montrent quel soin les habitants apportaient à leur environnement.

La Normandie Pittoresque

Carrefour important, la croix Georges permettait d'aller vers Helleville, Vasteville et Beaumont d'un côté, et de l'autre vers Sotteville et la gare de Couville.

1. **Bricquebosq** (Manche) — L'Église

Avec son clocher à battière et sa solide tour carrée, l'église de Bricquebosq présente les signes distinctifs des églises du Cotentin.

2. **Bricquebosq** (Manche) — Les Tanneries

Les tanneries virent le jour pendant la guerre de 1914-1918 et participèrent, elles aussi, à l'effort de guerre en fournissant des cuirs qui servirent à l'équipement des fantassins.

BRICQUEBOSC — La Tannerie

Pris à dix années d'intervalle, ces deux clichés soulignent le développement des tanneries de Bricquebosq que l'on désigne également sous le nom d'usine Mancel.

LA NORMANDIE PITTORESQUE
4870. – BRICQUEBOSCQ (Manche). – Usine Mancel

Ce joli plan rappelle que de nombreuses boutiques, éparpillées dans la campagne, apportaient les produits de première nécessité aux ruraux. La boutique de Frédéric Adam offrait un choix très large : boulangerie, son, avoine, grains, graines, épicerie, mercerie, saboterie, quincaillerie, verres à vitres, peinture, suif. Le commerce moderne qui propose tout sous un même toit n'a rien inventé.

Il s'agit ici du bureau de tabac Bihel qui avait, lui-aussi, plus d'une corde à son arc. Il convient de noter les deux curieuses brouettes dont l'une sert à porter une pièce agricole et l'autre les cannes à lait.

Au début du XVIe siècle, ce manoir était la propriété de la famille de Thieuville qui portait un blason «d'argent à deux bandes de gueules accompagnées de sept coquilles de même».

L'ensemble connut une série de modifications entre le XVIe siècle et le XVIIIe siècle. Charles de Thieuville, conseiller au parlement de Rouen, y mit fin.

L'église de Flamanville fut construite entre 1669 et 1671 grâce au concours financier du seigneur Hervé Basan et avec l'aide de toute la population. A l'intérieur, le pavage fut constitué de pierres tombales à croix nimbée provenant de l'ancien cimetière de Diélette.

FLAMANVILLE. — L'Église et la Place.

Collection F. C., Cherbourg

Dans le chœur de l'église se trouvait le caveau des marquis de Flamanville, profané pendant la Révolution. L'église renferme une relique de sainte Réparade ramenée de Rome par le marquis de Sesmaisons, secrétaire d'ambassade.

Jean de la Varende dresse un remarquable portrait du château de Flamanville : «Flamanville occupe, sur la côte ouest, une situation symétrique à celle de Fontenay, à l'est. Il est antérieur à Fontenay, d'un Louis XIV beaucoup plus imprégné de Louis XIII ; moins ingénieux comme habitation, il a quelque chose de magnifique, deux ailes perpendiculaires, comme deux immenses orangeries à impostes rondes et à balustrades, dont la dernière arcade vide est un arc de triomphe sur les communs, et où deux pavillons, bellement compliqués, s'ajoutent, terminent la cour d'honneur et calent les italiennes».

7 - FLAMANVILLE (Manche) — Le Château - Partie du XIVᵉ siècle

Edit. Veuve Lebrun - Les Pieux

«Il est pris dans un massif d'arbres comme dans une grotte. Il semble monolithique, taillé dans sa falaise célèbre, comme certains temples d'Asie dans la pierre des collines...»

8. Château de **Flamanville** (Manche) — La Vieille Poterne

Édition Lefrançois

Les tours qui encadrent la vieille poterne furent couronnées de créneaux selon une mode chère au XIXe siècle et à Viollet-le-Duc en particulier.

Flamanville (Manche) — Tour Jean-Jacque

Jean-Jacques Bazan fut l'heureux bénéficiaire de cette tour construite en 1758. Jean-Jacques Rousseau était attendu à Flamanville mais il préféra le sud de l'Oise et Ermenonville. La légende a embelli l'histoire et beaucoup voient dans cette tour un refuge dédaigné par le philosophe.

L'histoire du trou Baligan appartient aux contes et aux légendes du pays normand. Jean Fleury nous la raconte : «Un serpent gigantesque, véritable monstre, s'était établi autrefois dans cette caverne, dont il sortait de temps en temps pour faire une excursion sur la côte et s'emparer de tous les enfants qu'il trouvait sur son chemin ; il les emportait dans son antre pour les dévorer, et quand il les avait dévorés, digérés, il se mettait en quête d'une nouvelle proie...»

1. Flamanville — Le Trou Baligan

Un jour arrive saint Germain à la Rouelle : "le saint aborda en face du trou Baligan et marcha droit au serpent. Celui-ci recula et fit un mouvement pour réintégrer son antre où sa queue était restée, pareille à celle de certains mollusques à moitié sortis de leurs coquilles. Le saint lui barra le passage et lui porta un coup de sa crosse ; à ce contact, l'animal se tordit, effectua quelques mouvements convulsifs, puis demeura immobile et s'incrusta dans un bloc de granit...».

2. **Flamanville** — Le Sémaphore

Le comité de Salut public avait retenu, en 1794, le site de Flamanville pour y implanter un poste de vigie. Il fallut attendre 1859 pour que la marine achète un terrain sur les falaises pour construire un sémaphore. L'appareil télégraphique - un Bréguet à cadran - était situé entre le mât et les logements des guetteurs.

Dans la cour du sémaphore, on découvre le dolmen de la Pierre au Rey : un oeuf de granit de plus de 10 tonnes, posé sur trois blocs de granit.

Diélette (Manche) — Les Rochers et l'Anse de Siouville

Entre les deux jetées, la plage de Diélette présente un aspect désolant en raison des travaux pour la mine. Du matériel de chantier et une barge embarrassent la plage tandis que des promeneurs se reposent dans des bennes à béton.

Diélette (Manche) — La Grande Jetée et les cabines des baigneurs

Le long de la grande jetée on remarque un caisson destiné au téléphérique de la mine. Au premier plan, l'abri du canot de sauvetage, surmonté d'une figure de proue trouvée sur la plage de Diélette. Elle se trouve aujourd'hui dans la station de sauvetage de Goury.

14. Dielette (Manche) — Le vieux Port

Le port fut construit entre 1712 et 1730 par le marquis de Flamanville qui en céda ensuite la propriété à l'Etat moyennant un revenu de 10 000 livres. Il ne comprenait qu'une jetée de 45 mètres et un petit quai qui fut allongé en 1839.

53. - DIÉLETTE (Manche). - Bateaux dans le Vieux Port

Bateaux de pêche au mouillage à marée haute. Au premier plan, on aperçoit une vaquelotte, barque de travail typique du nord-Cotentin, de Diélette à Barfleur. A l'arrière-plan, la silhouette du Meynac, échoué sur le caucheton.

19. - DIÉLETTE (Manche). - Les Mines - Etablissement Guerfa

En 1877, fut créée la Société anonyme des mines de Diélette qui reprit l'activité de l'ingénieur Bérard. Elle s'installa alors au lieu-dit Guerfa. La mine, placée au débouché de la vallée, recevait de nombreuses eaux de ruissellement.

43. - DIÉLETTE (Manche). - Les Mines
Établissements de GUERFA

Le site de Querfa accueillit les services techniques de la mine et se développa avec la construction d'une usine électrique destinée à produire l'énergie nécessaire à la mine.

Voici le site tel qu'il se présentait lors de son rachat par le groupe allemand Thyssen en 1907. Les mines fermées depuis 1892 retrouvèrent un développement spectaculaire. On embaucha 400 ouvriers et les travaux portèrent sur deux ouvrages importants : le puits de mine et le téléphérique pour favoriser l'expédition du minerai.

63. DIELETTE (Manche) — La Cabotière le jour de l'arrivée du grand caisson

Le puits de mine et sa silhouette de béton devint, au fil des ans, l'un des éléments du paysage de Diélette. Il disparut lors des travaux de construction de la centrale électronucléaire.

67. - DIÉLETTE (Manche). - La Cabotière

Un tapis roulant, protégé par une construction en tôle ondulée, apportait le minerai de fer vers les bacs de stockage en granit.

La présence des Allemands dans l'exploitation des mines de fer du bassin de Basse-Normandie déchaîna la colère de Léon Daudet. Il voyait dans le téléphérique la première étape dans la construction d'un port en eau profonde pour l'invasion du Cotentin.

On charge un cargo de la Société navale caennaise au ponton de la mine. Sur la droite, les wagonnets sont apportés par téléphérique. En 1957, Diélette produisit 127 665 tonnes exportées en Angleterre, soit par le terminal de la mine, soit par Cherbourg.

L'église de Grosville se trouve au nord de la route des Pieux. En 1884, un calvaire fut érigé dans l'enceinte du cimetière. A côté, on trouve la tombe de l'abbé Jacques Leroux, curé de Grosville de 1834 à 1882.

Sur cette photo on peut voir les écoles de Grosville.

Louis Tesson édita cette carte postale représentant son établissement.

GROSVILLE - Rue de la Poste

Séance de pose dans la rue de la Poste pour ces deux écoliers, le cartable sur l'épaule, qui se tiennent au garde à vous. Au second plan, un grand valet conduit un cheval par le licou.

GROSVILLE (Manche) — Cour de Ferme

Le Coz, édit. à Grosville

Cette belle ferme de Grosville témoigne de la prospérité de la région.

I dit. Le Coz, bural., à Grosville   GROSVILLE. - Ferme de Bonnetot

Ici, on peut voir un corps de ferme important avec un trottoir qui court le long de la façade.

Nos deux écoliers ont suivi le photographe dans son déplacement au coeur du village, les voici maintenant devant le débit Lecoz.

La Commune est une des belles propriétés de Grosville. Une voiture d'avant-guerre traduit l'aisance du maître des lieux.

La batteuse était conduite par Bienaimé Lefaix qui, ici les mains sur les hanches, regarde tourner le moteur. A l'extrême gauche, une jeune fille, un broc émaillé à la main, servait en permanence du cidre aux ouvriers.

La cérémonie de l'inauguration du monument aux Morts le 11 novembre 1925 réunit toute la population. Pour l'occasion le clergé revêtit les habits utilisés en cas de deuil.

Les anciens combattants et le conseil municipal se regroupèrent avant de se rendre à la cérémonie.

les enfants qui portaient des gerbes de fleurs pour honorer la mémoire des disparus firent de même.

Les hommes réunis derrière le drapeau tricolore se laissent ici distraire par monsieur Havet, le photographe, venu tout spécialement de Cherbourg.

Cette servante s'apprête à partir traire dans les champs. L'âne porte un harnachement bien pratique pour ranger les cannes à lait.

De Héauville
Recevez cette Pensée

La commune d'Heauville n'a guère inspiré les éditeurs de cartes postales!

HÉAUVILLE (Manche)
Le Monument des Morts pour la France

Ce calvaire majestueux figure parmi les curiosités à découvrir dans cette petite commune, au même titre que la maison natale du conventionnel Jean-Baptiste Lecarpentier surnommé le Bourreau de la Manche.

L'église de Pierreville se dresse au milieu du village avec sa tour carrée coiffée par un clocher à batière. A l'intérieur se dressent deux pierres tombales : celle d'Alix Hamon décédée le 21 mars 1625 et celle de Pierrette Marion décédée le 3 mars 1632. On doit ce cliché à monsieur Ecourtemer, buraliste dans la commune avant la guerre de 1914.

L'école des garçons, bien cachée, semble avoir posé des problèmes de cadrage au photographe.

PIERREVILLE (Manche) — Village de l'Eglise, la Forge

Edit. M. Avoine

Ce cliché rappelle les conditions de vie au début du siècle. Les maisons des propriétaires les plus aisés étaient couvertes en ardoises ou en tuiles mécaniques; les dépendances à usage agricole ou les logis les plus modestes étaient encore revêtus de chaume. Aucun poteau électrique n'est visible : l'heure est encore à la lampe à pétrole.

PIERREVILLE (Manche) — Le Débit M. AVOINE

Edit. M. Avoine

Dans le village de l'église, le débit de monsieur Avoine servait deux sous de café.

LE ROZEL (Manche) — Vue Générale

Du haut du relief qui descend vers le village de Rozel, la vue est splendide : elle englobe le bourg, qui s'étend du château à l'église, le bord de mer et la falaise du Pou.

6 - LE ROZEL (Manche) — Le Château - Côté Nord

La seigneurie du Rozel est fort ancienne puisqu'une charte de Guillaume le Conquérant datant de 1077 fait mention de Hugues du Rozel. Cette seigneurie venait en importance juste après celle de Saint-Sauveur-Le-Vicomte où régnaient les Néel.

2.85. - LE ROZEL (Manche). - Le Château (XIII° siècle)   Cl. A. V.   Le Goubey, édit., Saint-Pierre-Eglise

Armand-Jérôme Bignon, seigneur du Rozel et de la Méauffe entreprit d'importantes modifications dans son château et la cour intérieure prit l'allure que nous lui connaissons. Vu du parc, le château ressemble à une maison bourgeoise qu'agrémenterait une tourelle d'angle.

1. Le Rozel (Manche) — Le Château

Un grand mur rehaussé de deux tours protégeait le grand jardin du château.

2187. - LE ROZEL (Manche). - L'Église - Cette commune fut dévastée en 1344 par la veuve d'Olivier de Clisson

L'église fut rebâtie en 1877 grâce à un don de Jérôme Bignon et au concours des habitants de la paroisse. Son intérieur mérite une visite en raison des nombreuses toiles de l'école flamande offertes par Jean-Pierre Le Chanteur de Pontaumont, ancien commissaire de l'Inscription maritime de Cherbourg.

LE ROZEL. — Maison natale de Dorothée Quioniam, Sœur Marie Aimée de Jésus

Ici se dresse la maison natale de Dorothée Quoniam, soeur Marie Aimée de Jésus.

61

(Manche). — LE ROZEL. — Manoir de Clesville

ÉDIT. DE RANGO, AVRANCHES

La tour escalier, située à l'angle des deux bâtiments, est l'une des plus remarquables du département. De forme octogonale, elle est construite en alternance en granit et avec une pierre rouge qui donne du charme à l'ensemble.

Le long de la route, le manoir de Cléville offre l'aspect d'une grosse ferme. Une échauguette rappelle la proximité d'une maison manable.

C'est l'année 1914, les douaniers du Rozel et de Vauville sont réunis à Diélette. Ils assuraient sur le désormais célèbre chemin des douaniers la surveillance du littoral. Les îles anglo-normandes, si proches, permettaient un important trafic de tabac. Les douaniers disposaient également de guérites pour effectuer leur faction.

A l'ombre de l'église de Saint-Christophe du Foc, est organisé, le deuxième dimanche d'août de chaque année, la fête patronale où est bénie la statue de saint Christophe, patron des voyageurs.

St-GERMAIN-le-GAILLARD - L'Eglise et le Monument

L'église de Saint-Germain-Le-Gaillard a subi de nombreuses modifications au cours des cent dernières années : à l'intérieur, les murs ont été recouverts d'épaisses couches de chaux. Mais cette église a une longue histoire et l'on y dénombre plusieurs pierres tombales datant du XVIe siècle.

St-GERMAIN-le-GAILLARD. - L'École des Garçons

Patriote, l'instituteur avait accroché un grand drapeau français sur la façade de l'école. La venue du photographe était d'importance car plusieurs personnes se sont précipitées aux fenêtres. Les garçons alignés le long du mur ne paraissent pas ravis par cette séance de pose.

Jules Bourdon, débitant, tenait aussi auberge puisque l'expéditeur de la carte a précisé : «Au bon jambon».

La concurrence n'était pas très vive entre les débits puisque monsieur Bourdon édita une carte postale représentant l'établissement de monsieur Lebarillier.

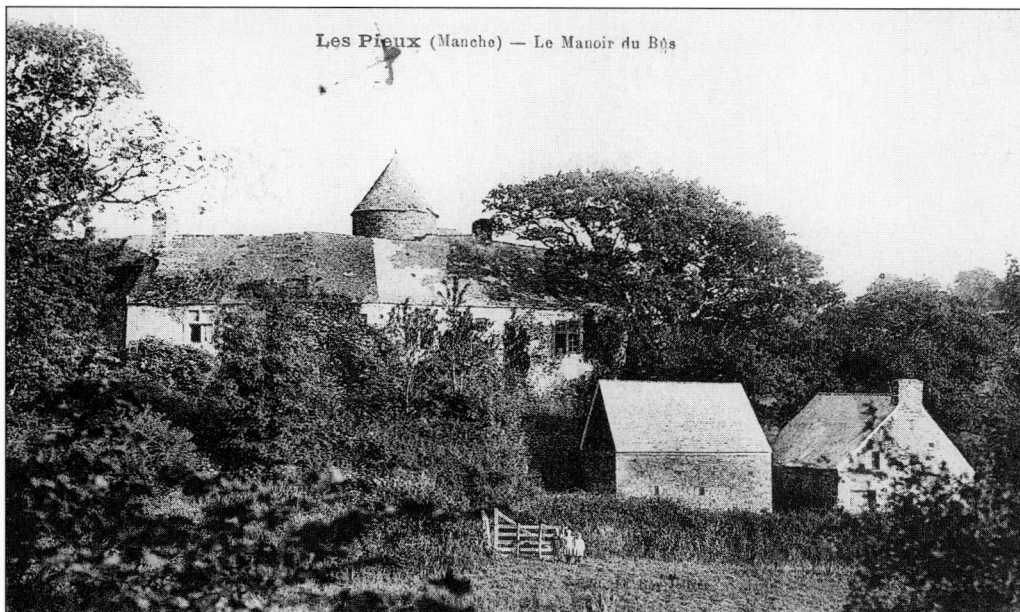

Les Pieux (Manche) — Le Manoir du Bôs

Pour qui arrivait des Pieux par la route de Barneville, le manoir rassurait par sa silhouette massive. Il était fort bien défendu sur trois côtés mais restait très vulnérable à flanc de colline, ce qui lui enlevait toute valeur défensive.

LA NORMANDIE PITTORESQUE
5113. - LES PIEUX (Manche). - Manoir du Bust (Cour Intérieure)

La grosse tour du XVIe siècle semble l'élément le plus ancien de ce corps de bâtiments. Ce manoir, comme l'attestent ces poules qui picorent, était, avant tout, une ferme.

EDIT DE RANGO, AVRANCHES

L'ancienne église de Siouville, située près du rivage, fut engloutie par les flots. Pierre Le Tourneur, qui fut curé de 1769 à 1792 dans cette paroisse, fit construire cette église sur une position plus haute.

1. Siouville (Manche) — L'Eglise

Ce prêtre choisit l'exil pendant la Révolution. Comme d'autres prêtres de la Manche, il se retira à Rumsey où il décéda en 1795. Une fois la paix religieuse rétablie par Napoléon, sa dépouille mortuaire fut ramenée à Siouville et placée dans un tombeau dressé sur le côté sud de l'église.

68

En bordure de la plage, s'était installé le campement du Royal Technical Institute de Manchester.

Les dunes de Siouville à Biville constituaient un remarquable champ de manoeuvres pour les militaires qui y venaient régulièrement. Des bâtiments préfabriqués et des tentes marabout fournissaient le casernement.

L'écrivain Jean Merrien tempêtait dans son livre "*Merveilles des côtes de France*" au sujet des constructions de Siouville ; résidences secondaires et hôtels ne trouvaient pas grâce à ses yeux car il estimait que l'on avait pollué le paysage.

Le Relais était, dans les années 1950, une des bonnes tables de la région. Le décor était très simple mais la qualité de la cuisine justifiait le détour.

La route qui descendait du bourg semblait aller directement à la plage. Il fallait pourtant ne pas oublier de tourner pour continuer vers Clairefontaine. A la terrasse de la maison Levèel une superbe banderole vantait les bières Lecerf de Cherbourg.

Ce manoir était une vieille demeure du XVIe siècle avec une tour sur l'arrière et une jolie échauguette sur l'avant. Le palmier dans la cour témoigne de la douceur des hivers en Cotentin.

Le château de Sotteville se mirait dans le plan d'eau qui le bordait sur son arrière. Avec le château de Flamanville, c'était la construction la plus importante dans l'ouest du Cotentin.

2. SOTTEVILLE (Manche) — Le Château (façade ouest)

La cour d'entrée du château laissait découvrir l'édifice imposant avec ses deux étages et ses toits pentus qu'égayaient des lucarnes simples et doubles.

22. – Anciens Costumes Normands – E. P.
Manche - Jeunes paysans de Sotteville près Cherbourg

Regarde : il a l'air soucieux,
Lâche-le donc dans le bocage
Car ton oiseau se plaira mieux
En liberté que dans ta cage.

Stanislas MILLET.

Jeunes paysans de Sotteville.

SURTAINVILLE. - L'Église

L'église de Surtainville, située au centre du bourg, n'offrait pas de traits architecturaux singuliers. Un examen dans le cimetière permet de relever des sépultures du XVIIIe siècle.

La Normandie pittoresque
SURTAINVILLE-PLAGE (Manche)
Ruines de la Chapelle Sainte-Gudule (Ergouette), XIe siècle
(Ancienne propriété du Prieuré de Brewton)

Cette chapelle qui remonte au XIe siècle appartenait au prieuré de Brewton dans le Somerset, à l'époque où le duché de Normandie régnait également en Angleterre.

Un captage effectué dans la cour du presbytère permettait de recueillir une eau qui, sans être miraculeuse, était bienfaisante. De nombreux paroissiens s'étaient rassemblés pour la photo.

L'installation était bien modeste avec deux bacs pour filtrer l'eau avant de la proposer à la consommation.

Le photographe a dû se mouiller pour saisir l'équipage du *Mousquetaire* au retour de la pêche. Le doris a été popularisé sur les côtes de la Manche par les anciens terre-neuvas qui l'utilisaient lors des campagnes de pêche à la morue.

Surtainville a longtemps compté des pêcheurs professionnels qui, avec leurs doris, capturaient homards et crustacés. Le mousse remonte en haut de la grève avec les avirons sur l'épaule.

Ces dames et les enfants posent devant la maison Eustache. On remarque, sur la gauche, une grande carriole bien commode pour aller aux Pieux ou à Bricquebec.

La diligence céda sa place à l'autocar pour relier Surtainville à Cherbourg. L'auberge possédait, à la manière des pubs anglais, une belle enseigne peinte.

La ferme du Guinfard est fort ancienne puisqu'elle appartenait aux comtes de Montmorency.

SURTAINVILLE — Une Colonie de Vacances

Pouchin - Ecolivet, édit.

La bande côtière du canton des Pieux attira de nombreuses colonies de vacances. Les petits citadins pouvaient respirer l'air vivifiant et très iodé de la région. En voici un groupe avant 1914.

SURTAINVILLE — Le Mont de la Croix

Dominant la commune, le Mont de la Croix était couvert de taillis. Un petit calvaire posé sur un socle en granit apportait sa bénédiction et sa sérénité à l'endroit.

Le Pou était un village situé au pied du cap, tout près de la mer. Les maisons étaient blotties les unes contre les autres pour mieux se défendre du vent d'ouest.

Maurice Lucas, député de la circonscription, vint à Surtainville avec le docteur Boisroux remettre à messieurs Louis Pezet, maire de Surtainville, René Bonissent de la ferme de la mare du Parc et Pierre Vautier, la médaille du Mérite agricole.

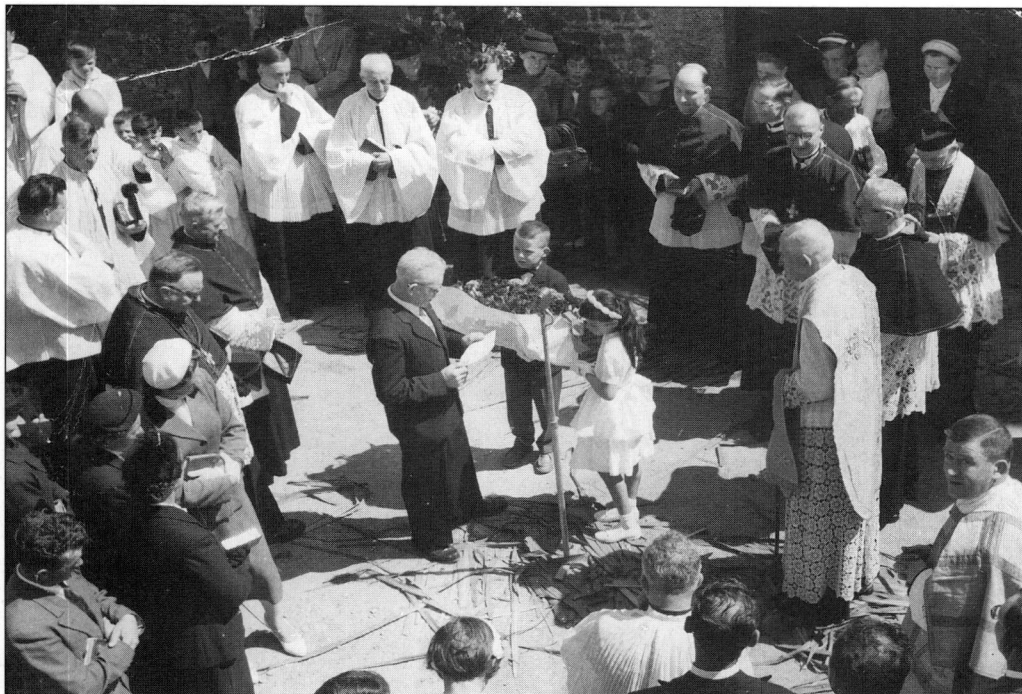

A l'occasion des noces sacerdotales du chanoine Etasse, le maire, Louis Pezet, accueillit les autorités religieuses. On voit Jacques Pezet et Lucette Simon prêts à remettre une gerbe de fleurs au chanoine.

L'évêque vint à l'occasion de la confirmation. Le maire accueillit lui-même monseigneur Guyot ; à l'arrière-plan, on peut apercevoir le curé-doyen Delacroix, des Pieux.

Cette belle église du Cotentin est située au coeur d'un charmant village, Tréauville, qui mérite de figurer parmi les plus jolis villages de France, en raison de ses nombreux manoirs.

Jour de fête-Dieu à Tréauville. On remarque sur ce cliché l'abbé Leblond, l'abbé Roze et le chantre Paul Delaunay.

Ce cliché date d'avant 1939 puisque la sacristie et une partie de l'autel furent reconstruits après la guerre.

Le manoir de la Rade comptait parmi les nombreux logis de qualité de la commune de Tréauville. Il fut construit au XVIIIe siècle.

Voici trois brebis qui nous tournent le dos pour mieux faire apprécier la qualité de leurs formes. Il ne faut pas voir là une facétie du photographe mais au contraire son professionnalisme.

Brebis de 2 ans, plusieurs 1ers prix
insc. au Flock-Book (race Cotentin), à M. J. Létablier, à la Chaussée à Tréanville (Manche)

Julien Létablier demeurant à la Chaussée, à Tréauville, eut l'idée de faire réaliser quelques cartes postales présentant les plus beaux spécimens de son élevage : voici une brebis de deux ans inscrite au *Flock-Book* de la race cotentine.

«Conchita» reçut le premier prix au concours agricole des Pieux, en 1933. Les éleveurs soucieux de la bonne évolution de leur troupeau prenaient soin d'inscrire les plus beaux spécimens au *Herd-Book* normand.

1· **Treauville** (Manche) — Le Manoir

Situé le long de la route de Diélette, ce manoir a retenu l'attention de Lucien Goubert ou de Jean-François Millet. Le musée de Chicago possède un exemplaire d'un dessin de Millet le représentant.

III
Les fêtes religieuses

Un village, un clocher. Il n'est pas ici de commune qui ne possédait son église, autour de laquelle se regroupaient boutiques et écoles. Le Cotentin est un pays de tradition religieuse fort ancienne. Si un dicton populaire nous rappelle que sainte Marie et saint Martin se partagent le Cotentin, dans le canton des Pieux, saint Germain et saint Clair ont longtemps été vénérés comme les évangélisateurs de la région. Saint Germain, arrivé à Diélette sur une roue et pourfendeur du dragon caché dans le Trou Baligan, fut élevé à la hauteur d'un mythe tant son histoire tenait de la légende. Les fêtes religieuses étaient l'occasion pour chacun de rompre avec la monotonie du quotidien. Les cloches rythmaient la vie et rappellaient ceux qui travaillaient dans les champs ; de la naissance à la mort, en passant par le mariage, elles marquaient les étapes essentielles d'une vie d'homme.

A la sortie de la messe, la Grande rue du bourg s'animait. Chacun sortait de l'armoire ses vêtements du dimanche qui donnaient, eux-aussi, de l'importance à ce jour de repos.

Lors de certaines fêtes, les paroissiens venaient chercher le clergé au presbytère. Louis Leblond, le sacristain, entouré des enfants de choeur en aube rouge et surplis blanc, portait la grande croix.

Un imposant cortège redescend, ici, du haut du bourg vers l'église ; des petites filles tiennent les cordons des bannières.

Environs de CHERBOURG. — LES PIEUX. La Procession

Barbey d'Aurevilly évoque dans *"l'Ensorcelée"* ces fêtes religieuses : «Ces bannières qui ne sortent qu'aux grandes fêtes, et desquelles tombent, comme de ses glands d'or et de soie vermeille, je ne sais quelle influence de joie et de triomphe sur les fidèles... La procession étincelait d'ornements magnifiques.»

Au printemps 1942, malgré la guerre et les restrictions, communiants et communiantes furent heureux de poser devant l'église. Au premier rang : Paul Férey, Louis Lerouvillois, Albert Picquenot, Robert Cloutier, Jeanine Levavasseur, Marguerite Jouan, Louise Dauvergne, Juliette Lebiez, Louise Lecoutour. Au second rang : Louise Labbé, Solange Giard, Marie-Françoise Bonnemains, Abbé Lemière, curé-doyen des Pieux. Au troisième rang : Octave Varin, Jacques Toulorge, René Deschamps, Yves Adam, Antoinette Picquenot, Marie-Louise Labbé, Hélène Laurent, Suzanne Delorme.

A JÉSUS... POUR TOUJOURS!

VOILA CE CŒUR QUI NOUS A TANT AIMÉS   ET QUI VEUT NOUS COMMUNIQUER SA VIE
Il s'est donné à nous.   donnons-nous à lui.

MON CŒUR SERA TA FORCE

MON CŒUR SERA TON REFUGE

PRÉCIEUX SOUVENIR POUR LE CŒUR FIDÈLE
Gage de Pardon   pour le cœur pénitent

Joséphine Bredel Baptisée le 26 Mai 18..
a fait sa 1re Communion le 18 Juillet 1886 dans l'Église de Flamanville
et a été Confirmée le 8 Mars 1889 dans l'Église de ....

Les curés du canton s'étaient réunis et posaient dans la cour du presbytère des Pieux. On peut reconnaître le curé-doyen Grivel (les Pieux), l'abbé Roze (Benoistville), l'abbé Bonnard (Surtainville), l'abbé Leblond (Le Rozel et Pierreville) et l'abbé Laisney (Grosville).

A l'occasion du Congrès eucharistique, monseigneur Guyot, évêque de Coutances, vint aux Pieux. On reconnaît ici de part et d'autre, madame Menier, Bien-aimé Leroy, Pauline Ecolivet, Andrée Leblond et Françoise Letablier.

A Surtainville, avait été édifiée une grotte de Lourdes où les paroissiens se rendaient à l'occasion de grandes fêtes ; ici le 5 juillet 1964, communiants et communiantes sont venus l'après-midi se recueillir devant Notre-Dame.

6 — BIVILLE — Un pélerinage   En route pour le Calvaire

Les habitants du canton allaient régulièrement au pèlerinage à Biville prier devant les restes du bienheureux Thomas Hélye qui fut le chapelain de Saint-Louis.

Pour témoigner de leur piété, les habitants du canton édifièrent calvaires et oratoires dans les villages et les hameaux.

A Grosville, une fois par an, les statues de la Vierge et des saints étaient sortis des oratoires pour une longue procession comme ici, en 1950.

IV
Les foires et les marchés

15. **Les Pieux** (Manche) – Un Jour de Foire

Édition Lefrançois

Pour rencontrer un paysan normand, il faut se rendre au marché ou dans un village, un jour de foire. Ces événements qui ponctuent la vie du monde agricole étaient extrêmement suivis. Fermières, cultivateurs, éleveurs, chacun montrait sur le champ de foire toute la compétence qu'il déployait pour faire valoir son bien. Les lauréats des comices agricoles affichaient à la porte de leurs étables les médailles qui soulignaient la qualité de leur élevage. Les paysans n'occupaient pas seuls la rue principale ; déballeurs-forains venus du département, marins-pêcheurs qui vendaient le produit de leur pêche animaient l'endroit tandis que le son d'un accordéon soulignait l'emplacement du marchand de chansons. Le jour de la Saint-Clair, la foire se doublait d'une louerie ; les domestiques, valets ou servantes se présentaient à la recherche d'un employeur. Après avoir topé dans la main et touché ses premiers gages, l'heureux élu allait flâner devant les boutiques. Foires et marchés ont été, pendant des générations, le moment de célébrer la terre des ancêtres.

Depuis mille ans, le marché des Pieux se déroule chaque semaine le vendredi. Le second marché du mois porte le nom de Grand Marché et a longtemps correspondu à la paie du lait, moteur de l'économie régionale.

LES PIEUX — Le Marché

Pays de polyculture, la région des Pieux voyait ses paysans venir jusqu'au marché. Beurre, oeufs, volailles alimentaient les échanges avec de nombreux commerçants en gros venus de Cherbourg ou de Valognes.

Deux diligences, à droite, suffisent à dater la photographie vers 1900-1910. Les marchands forains ouvrent leurs grandes malles en bois et en osier. Louis Beuve laisse parler une de ces vendeuses : «*Veir ! ch'est sus deux pllainch's mal geincies. Qu' j'ai c'meinchi l' coumerch' d'épic'reie, D' ma p' tit' épic'reie !*»

Au début des années 1980, le bourg des Pieux connut une étonnante mutation dans la foulée des chantiers du nord-Cotentin. Les façades des commerces se transformèrent, se modernisèrent. Les grands magasins firent leur apparition mais le marché conserva tout son attrait si l'on en juge par le nombre de déballeurs.

Il n'existe pas en Cotentin de foire digne de ce nom sans la présence des tournous d'gigot chantés autrefois par Louis Beuve : «*Dains l' mitan du chaimp d' feire Asseis sus eun fagot Qu' no-z-a dounc d'la minsère A touornaer le gigot*».

V
La mer et les marins

Le point le plus éloigné de la mer dans le canton n'en est guère à plus de dix kilomètres. C'est dire si les senteurs marines et la douceur du Gulf Stream se font sentir dans toutes les communes. Dès son plus jeune âge, chacun devient un familier du rivage et s'aventure dans les rochers pour rocailler. Les marins-pêcheurs, dans les villages du Rozel, de Diélette, du Pou, appartiennent à la même communauté. Quand on oublie que le bras de mer entre Sciotot et Jersey s'appelle le passage de la Déroute, la fureur des flots nous rafraîchit la mémoire. Des drames de la mer en série expliquent l'implantation d'une station de sauvetage à Diélette par les soins de la Société centrale de sauvetage des naufragés. Nos pêcheurs deviennent alors les hommes au grand courage qui osent affronter sur leur canot les éléments déchaînés. Photos et cartes postales conservent le souvenir de ces hommes animés de la volonté farouche de sauver d'autres marins dans la détresse. Figure emblématique des marins-pêcheurs du canton, Louis Mahieu a pratiqué la pêche pendant plus de soixante ans.

L'équipage sort de son abri le canot *Commandant Albert*, premier canot de sauvetage mis en service à Diélette. Placé sur son chariot métallique avec de grandes roues à large bandage, le *Commandant Albert* présente la silhouette caractéristique des canots insubmersibles construits aux chantiers Augustin Normand du Havre.

20 **Diélette** (Manche) — Halage du Canot de Sauvetage

Edition Lefrançois

Le canot rentre d'une sortie d'entraînement. On distingue nettement à l'arrière, devant le patron, la barre à tire veille, sur le côté tribord les avirons sont peints en blanc et à bâbord en vert.

100

21. **Dielette** (Manche) — Embarquement des Canotiers, un jou...

Après avoir enfilé leur ciré, la ceinture de sauvetage et le suroît, ces canotiers s'apprêtent à embarquer à bord de l'*Octave Lemaitre*, un canot de sauvetage de type Henry, long de 8 mètres 50, tout en acier. Ce cliché fut pris le samedi 14 décembre 1907 lors du sauvetage du dundee *Madeleine*, un navire granvillais qui faisait route sur Dunkerque.

La station de sauvetage fut créée en 1868 grâce à l'intervention du marquis de Sesmaisons, châtelain de Flamanville auprès de la Société centrale de sauvetage des naufragés. Cette carte postale qui reproduit un tableau de Morlon sollicite la générosité du public.

Le *Meynac* de Paimboeuf, après avoir été abandonné par son équipage, fut sauvé par l'équipage du canot de sauvetage au terme de sept heures d'efforts. Malheureusement le caboteur rompit ses amarres et vint s'échouer sous la Jalousie.

Édition Lefrançois

C'est à Victor Lefrançois que nous devons cette vue de l'échouage du *Zebrina* en 1916. Très curieusement, les douaniers ne découvrirent personne à bord alors que le poêle était allumé dans le poste d'équipage. Commença alors l'énigme du *Zébrina* : par quel hasard était-il arrivé sur cette plage ?

Le *Kini-Kersten* vint s'échouer pratiquement au même endroit le 1er janvier 1987, après avoir évité les parages dangereux du cap de la Hague, doublé le cap de Flamanville et évité la centrale électronucléaire. L'incident, relayé par les médias nationaux toujours en manque d'informations un 1er janvier, allait déplacer des milliers de curieux.

Malgré plusieurs tentatives, les remorqueurs n'ont pas réussi à arracher le *Kini- Kersten*. Il fallut alors créer une voie d'accès provisoire pour alléger le navire de ses containers. Quinze jours plus tard, le navire parvint à regagner le large.

Ecusson d'un navire qui s'est perdu corps et biens pendant l'hiver de 1886 en face SURTAINVILLE (Manche)

Collection Giret

E. Féron, Edit., Caen

dans la nuit du 3 au
4 Mars et dont les 1
hommes d'équipag
sont enterrés a
cimetière de Surtainville

Ce blason provient d'un navire qui fit naufrage en mars 1880, sur un banc de rochers des hauts de Surtainville. Il n'y eut pas de rescapés et les 19 marins furent inhumés dans le cimetière de la paroisse.

Un sous-marin en remorque ayant rompu ses amarres s'est échoué à Sciotot au pied de la falaise. Le voici à marée basse.

Un va-et-vient fut mis en place entre le sous-marin et la falaise pour récupérer ce qui pouvait l'être. Dans les années d'après-guerre, la population, privée de tout, reprit les habitudes des naufrageurs et dépouilla proprement le navire.

Un voilier monté par trois jeunes Brestois s'échoua sur la plage du Rozel pendant l'été 1956. Pris dans la tempête, le yacht n'atteignit pas Jersey. Il fut placé sur une remorque puis conduit à Diélette. On peut voir de gauche à droite : Fernand Néhou, Georges Leroy, Jean-Marie Ernouf, François Colin, le maire du Rozel, Roger Caillot, René Caillot, monsieur Fauvel, un gendarme des Pieux.

Au pied de la grande jetée, dans le port de Diélette, un pêcheur prépare ses lignes.

A l'occasion de la fête des marins, au Rozel, une statue de la Vierge fut placée dans l'annexe du père Mahieu. Les marins-pêcheurs de la commune la conduisirent jusqu'au sommet du cap précédés par les enfants de choeur et le clergé. De gauche à droite : Henri Vrac, Auguste Delacotte, Gérard Caillot, Roger Caillot, Jean Le Bégin, René Caillot, Louis Mahieu, Georges Caillot.

Les fidèles se rassemblaient dans la cour du château du Rozel avant de partir en procession dans les rues du village puis vers le cap pour la bénédiction de la statue de Notre-Dame des Marins.

Les pêcheurs du Rozel portaient des *ex-voto*. De gauche à droite, on peut voir Roger Caillot, Auguste Ernouf, Henri Vrac, Louis Mahieu.

Dominant le cap du Rozel, la Vierge des marins protégeait ceux qui affrontaient les flots redoutables du passage de la Déroute ou du Raz Blanchard.

En 1957, les enfants du catéchisme de Saint-Germain-Le-Gaillard vinrent prendre l'air de la mer. Ils posaient à bord du doris *Les Deux Frères* de Roger Caillot pendant que l'abbé Leblond prenait la photo.

VI
La vie éducative
et sportive

Si la guerre de 1914-1918 fit basculer le monde paysan d'un siècle à l'autre, la scolarisation, elle aussi, transforma profondément le monde des campagnes. École obligatoire, pour conduire une tranche d'âge jusqu'au fameux certificat d'études, arrivée de la télévision dans le paysage scolaire, ouverture d'un CES au chef-lieu étaient autant de points de repère qui jalonnaient la vie éducative. Au-delà des modes vestimentaires, chacun pourra retrouver des frimousses heureuses et l'insouciance des écoliers et des écolières en blouse grise. L'école ouvrait sur le monde de la connaissance ; dans le même temps, les clubs sportifs se multiplièrent à travers le canton. Certaines équipes, à l'image de Flamanville et de Surtainville, tirèrent bien leur épingle du jeu et contribuèrent à la notoriété du canton. En 1958, la grande classe des Pieux accueillit la télévision qui trônait dans la pièce. Les élèves semblaient heureux des conditions de travail qui étaient les leurs. Au premier plan, on peut voir Vincent Boisroux aujourd'hui médecin.

L'école libre des Pieux servit de maison de repos aux blessés belges pendant la guerre de 1914-1918.

Nous retrouverons plus loin Julien Lebas, Claude et Bernard Allais, Pithois, Hamelin, Cosnefroy. Les voici en 1947-1948 au milieu d'autres visages qui restent à identifier.

L'école de filles de Pieux en 1948. On reconnaît : sur la chaise, Louise Leboisselier ; au premier rang : Marthe Dupont, Hélène Lemetais, Marie-Françoise Ferey qui porte l'ardoise, Liliane Lecroere, Denise Lerouvillois, Andrée Laurent, Geneviève Roulland ; au second rang : Yvonne Lelaidier, Marie Durel, Elisabeth Cottebrune, Bernadette Brisset, Jeanine Thomine, Marie-Louise Laurent, Denise Lepigeon, Jeanine Leroux, Maria Cosnefroy, Marie-Thérèse Lecacheux, mademoiselle Eustache, maîtresse ; au troisième rang : Thérèse Lemaresquier, Thérèse Pithois, Denise Desvergez, Albertine Pasquier, Simone Lebiez, Yvonne Letablier, Micheline Roupsard, Madeleine Planque ; au dernier rang : Louise Pouchain, Micheline Jean, Jeannette Lechevalier, Madeleine Lemaresquier, Marguerite Bonamy, Raymonde Pithois, Madeleine Dareau, Jeannette Letablier, Caroline Lebruman.

Ils ont fière allure, les garçons déguisés en cosaques pour l'arbre de Noël 1959. A l'exception de Jean-Luc Sohier et de Leroux, au second rang, il faudrait s'adresser au KGB pour retrouver les autres moujiks.

La classe de CM2 mixte en 1966-1967 à l'école des Pieux. C'était hier!

Le collège des Pieux regroupait des jeunes venus de l'ensemble du canton. On reconnaît monsieur Duval devenu, depuis, maire des Pieux. Il se trouve, ici, à côté de Robert Cloutier.

En décembre 1957, la salle Paul Nicolle accueillit le repas de Noël organisé pour les enfants des écoles. On reconnaît, à la table des professeurs, mademoiselle Millet.

Voici l'un des premiers cross scolaires organisés à l'échelon cantonal en 1962. Il faut s'armer d'une bonne loupe pour identifier les participants.

Il n'est pas de visite à Paris qui ne prévoie un crochet par la Tour Eiffel. En 1961, un groupe d'élèves profita de cette visite en compagnie de madame Hamel.

En 1960, le voyage scolaire emmena les élèves à la découverte de l'Auvergne. Au premier rang : Didier Jourdain, Jean-Louis Boisroux, Antoine Boisroux, Leroy, Dauvergne, Claude Noël, Guy Desplains, Villette, Guy Sohier (assis) ; derrière : Marc Lecouté, Jean-Marie Lescalier, Louis Pouchain ; et tout au fond : monsieur Hamel et son épouse, cachée sous un chapeau de paille.

Les jeunes ont toujours aimé les voyages et la découverte d'autres horizons. Voici un groupe du Rozel en promenade à Grandcamp le 12 août 1927. Au premier rang, on aperçoit au centre, mademoiselle de Courtivron, la soeur de madame de Courcy. Elle épousera Félix Mancel de Bricquebosc. A l'extrême droite, Augustine Lamotte et, derrière elle, mademoiselle Béliard qui deviendra secrétaire de mairie. Au second rang, à droite, Henriette Bonnemains, l'épouse de monsieur Jeanne, grossiste en cidres, vins et spiritueux à Cherbourg.

En 1961, un groupe des Pieux posa après la visite du château de Versailles. Au premier rang : Lecouté, Bihel, Leroux, les frères Boisroux ; au second rang : Leroy, Leboisselier, Hamelin, Desplains, Lescalier, puis derrière Buhot et Lerouvillois.

Gilbert Bécaud chantait «*Moi, j'irai dimanche à Orly*». Les écoliers des Pieux ont suivi son conseil en juin 1955. Parmi eux, on peut identifier au premier rang : Claude Noël, Bernard Dauvergne, Jean-Marie Lescalier, Auguste Giot ; au second rang : Jean Valognes et Georges Brantonne ; accroupis : Louis Pouchain et Guy Sohier ; debout, au troisième rang : Bernard Cosnefroy, Guy Desplains ; au quatrième rang : Julien Lebas, Claude Allais, Georges Pithois, Paul Lefaix.

La visite du château de Versailles s'effectua en compagnie de madame Hamel, à droite sur la photo.

Les écoliers et écolières du Rozel s'arrêtèrent à Lisieux à l'occasion d'un voyage jusqu'à Paris, du 30 juin au 2 juillet 1958.

A l'occasion de la promenade scolaire de 1957, monsieur Grimbert conduisit ses élèves avec ceux des Pieux visiter les châteaux de la Loire. Les voici sur les marches du château de Cheverny.

L'équipe du club sportif Pieusais, saison 1963-1964, pose fièrement. Au premier rang : Jean-Marie Lescalier, Pierre Cotentin, Jean-Pierre Feuillie, André Sorel, Didier Jourdain ; au second rang : Ferdinand Couppey, Roger Langlois, Michel Giard, Marcel Dubost, J. Simon, Guy Legrand.

Rencontre amicale au mois d'août 1964. On reconnaît parmi eux : Louis Lerouvillons, Poncet, Michel Adam, Diguet, monsieur Heuzé, Ferdinand Couppey, Pierre Bonnemains, Robert Cloutier, André Sohier, monsieur Ney, Jean Adam, Couppey et Yves Adam.

Présidée par Charles Lagalle, l'équipe de Saint-Germain-Le-Gaillard-Le Rozel réunit des jeunes de deux villages. Claude Lagalle en est le capitaine et compte parmi ses coéquipiers Bonnissent, Leballey, Ernouf, Fauvel et Millet.

L'équipe de Surtainville, saison 1966-1967, était l'une des meilleures équipes du Cotentin. Au premier rang posent Claude Bourdon, Gérard Duchemin, A. Picot, Jean-Paul Rouil, monsieur Bourdon, Jacques Pezet ; au second rang : Jacques Rouil, Daniel Lemagnen, Daniel Léger, D. Michel, F. Lecomte.

VII
Les rassemblements et les fêtes locales

La population laborieuse du canton ne détestait pas, pour autant, se réunir pour célébrer le temps qui passe. A côté des fêtes religieuses, de nombreuses manifestations locales étaient l'occasion de rassemblements joyeux. Les principales communes organisaient, une fois par an, une fête où se retrouvaient rôtisseurs et musiciens. L'après-midi se déroulait une cavalcade costumée qui célébrait souvent la Normandie et ses traditions. Les fêtes des écoles et des patronages regroupaient beaucoup de monde et mêlaient toutes les générations. Les défilés de conscrits donnaient l'occasion aux garçons de montrer qu'ils étaient bons pour le service ; le départ pour l'armée marquait le début de l'âge d'homme. Désormais le jeune homme pourrait parler avec ses aînés de son passage sous les drapeaux et trouver, lors d'une fête locale, l'élue de son coeur. Ici, posaient les conscrits de Surtainville en 1945.

Les événements de mai 1968 perturbèrent la préparation de la Saint-Clair. Le comité des fêtes organisa une cavalcade avec des charrettes décorées et des enfants costumés. On reconnaît un petit Couppey tout sourire et une petite Bellevue bien songeuse.

La noce normande arrive enfin à l'entrée de la mairie. Le photographe éprouva quelques difficultés pour faire poser tout ce monde dans le calme. Tout était faux, du vicaire au gendarme dont on aperçoit le képi.

En 1952, pour la Saint-Clair, de nombreux chars évoquèrent les contes de Perrault : le Chat Botté, le Petit Chaperon Rouge, Cendrillon. Celui-ci, réalisé par le haut du Bourg, fut intitulé le mariage de Peau d'Ane. On y reconnaît : Juliette Typhagne, Maria Leblond, Marie-Thérèse Deschamps, Elva Bellet, Michel Roberge, René Typhagne, Solange Giard et Pascal Bonnemains.

En 1952, à côté des contes de Perrault, les contes de Grimm furent également à l'honneur, en particulier Blanche-Neige et les Sept Nains. Marie-Françoise Férey apparaît en Blanche-Neige souriante alors que les nains, cachés sous un masque, restent difficiles à identifier.

Saint-Clair 1968, le char des écoles de garçons célèbra le camembert de Normandie. Si l'étiquette avait été réalisée avec des papillotes en papier crépon, le tour du char, lui, était tapissé de véritables étiquettes ce qui représente une belle performance pour les élèves de monsieur André Hamel. Ce char participa à de nombreuses manifestations dans le département et valut à l'école des Pieux une légitime renommée.

A Surtainville, à l'occasion d'une fête communale, la cavalcade fut réalisée avec les moyens du bord. Sur cette charrette garnie de feuillage, garçons et filles célébraient le Cotentin. Louis Pezet portait la biaude et le bonnet tandis qu'une des jeunes filles avait jeté sur ses épaules un châle finement brodé et posé la canne en cuivre, symbole d'un terroir à vocation laitière.

En 1940, toujours à Surtainville, les enfants célébrèrent la noce au village. François Louis tenait le rôle du marié et Yvonne Levéel celui de la mariée. Quelques semaines plus tard le Cotentin connaissait la dure loi de l'Occupation.

Dans la même collection